AF340362

GAMBETTA

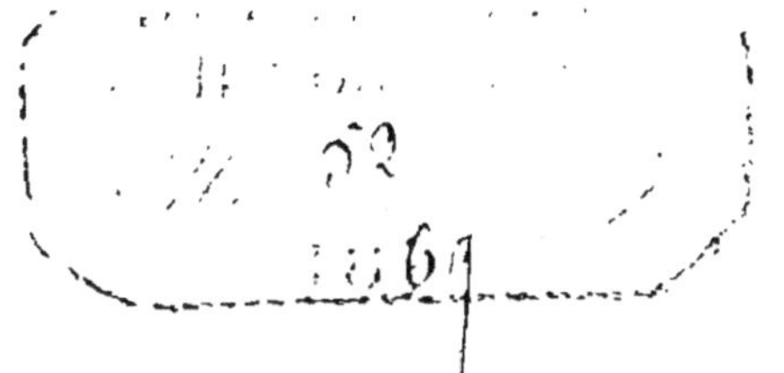

Je crois fermement à la République une et indivisible
Gambetta

GAMBETTA

PAR

Louis ARISTE

Rédacteur DE *l'Émancipation.*

AVEC PORTRAIT ET AUTOGRAPHE

———

Prix : 50 Centimes.

———

PARIS

CHEZ PLATAUT ET ROY, ÉDITEUR

15, RUE DU CROISSANT

Et chez tous les Libraires de France et de l'Étranger.

—

GAMBETTA.

Les événements improvisent les hommes.

Un coup de foudre révolutionnaire enfanta Mirabeau ; un éclair démocratique vient de révéler Gambetta.

Le hasard d'ailleurs a voulu, lui aussi, rapprocher ces deux noms dans un même caprice de date : le tribun de la Constituante est mort le 2 avril 1791 ; le défenseur inspiré du *Réveil* est né — un demi-siècle plus tard — le 2 avril 1838.

Remarquable coïncidence !

Gambetta (Léon-Michel), a reçu le jour à Cahors.

Son père, génois d'origine, avait fondé dans cette ville une petite maison de commerce qui, grâce à ses efforts persévérants, jouissait déjà, à cette époque, d'une certaine prospérité.

Naturellement, on destina le jeune Léon à partager les travaux du comptoir paternel et à prendre ensuite la direction de la maison.

Presque tous les pères sont les mêmes. Leur expérience rend plus ombrageuse encore leur autorité. Ils ne comprennent habituellement d'autre carrière que celle dans laquelle ils ont gagné leurs cheveux blancs avec leurs écus, et ils n'admettent pas qu'un bambin puisse dire en grignotant ses confitures : « *Moi, papa, je veux pas être bonnetier.... c'est pas ma vocation !* »

Eternelle absurdité. Aussi, pour s'ouvrir le chemin de l'avenir, l'enfant est-il obligé d'engager sa première lutte contre la volonté de ceux qui l'aiment.

Toutefois — disons-le à la louange de l'honnête commerçant — quand M. Gambetta père eut reconnu dans son précoce rejeton autre chose que l'étoffe ordinaire des commis de magasin, il céda de bonne grâce à ses pressantes instances et il le plaça, sous bénéfice d'inventaire, au séminaire de Montfaucon.

Notre écolier avait alors dix ans.

Quelles étaient ses études de prédilection ? Quels étaient ses jeux favoris ? Etait-il léger, insouciant, primesautier comme on l'est généralement à cet âge ; ou bien, devinant ce que l'homme mûr serait un jour, se tenait-il à l'écart de ses camarades, boudant à leurs enfantillages, dédaignant leurs petites espiègleries, se drapant dans une ricicule gravité ?

Maint biographe le dira certainement après moi et rééditera inutilement à ce propos tous les lieux communs de l'apologie.

Laissons donc de côté la description des premières émotions d'une âme qui s'éveille à la vie en recevant la bienfaisante lumière de la raison. Fruits secs et *« forts en thème »* ont éprouvé les mêmes tressaillements, les mêmes doutes, les mêmes appréhensions, les mêmes extases, le même besoin d'horizons indéfinis, et ce n'est qu'à la suite de cette première initiation, identique chez tous les enfants, que la vocation se révèle, que l'homme surgit, qu'il brise enfin ses lisières et commence à diriger lui-même sa destinée.

En sortant du séminaire de Montfaucon, Gambetta entra au lycée de Cahors.

Le glas lugubre du 2 Décembre se fit bientôt entendre, annonçant le vaste égorgement de la nation.

Cet audacieux coup de main stupéfia les honnêtes gens et indigna douloureusement la génération nouvelle qui avait bu, à coupe pleine, aux sources fortifiantes de la liberté.

Les élèves du lycée de Cahors protestèrent eux aussi contre le coup d'Etat.

Deux partis, deux camps s'étaient formés à la suite des manifestations impérialistes de certains écoliers, progéniture satisfaite de

quelques engraissés de Décembre — *les Cava-
gnaquistes* et *les « Napoléochiens. »*

Après un romantique échange d'ho.ions, la
victoire resta aux anti-bonapartistes.

Le jeune Léon, qui n'avait pas peu contri-
bué au succès de la journée, se mit à la tête
des vainqueurs et présida aux représailles.

On construisit un mannequin.

Le front bas, les yeux chassieux et mi-clos,
les moustaches en paratonnerre, le grotesque
maintien de l'homme de paille excitèrent des
rires homériques et ameutèrent contre lui
de sanglantes railleries.

L'air retentit ensuite des chants patrioti-
ques de la *Marseillaise* ; le feu dévora avec
rapidité le symbole maudit — et, autour des
cendres fumantes, on dansa la carmagnole aux
cris mille fois répétés de *« Vive la République ! »*

Et voilà comment Gambetta a salué l'avé-
nement du second empire.

Au lycée de Cahors, les succès du petit re-
publicain furent nombreux et ses progrès ra-
pides. Il était souvent inscrit au *tableau d'hon-
neur* et parvenait ainsi à arracher quelques
pièces blanches du fond du porte-monnaie
paternel.

Par intervalles, cependant, il cultivait l'é-
cole buissonnière avec frénésie.

Dès l'ouverture des assises du Lot, il man-
quait la classe avec une régularité exemplaire.
Alors il faisait élection de domicile au palais
de justice, se mêlant aux groupes de curieux,
écoutant religieusement les plaidoieries des
avocats, observant les impressions diverses
tour à tour produites sur le jury, se passion-
nant à tous les incidents et à toutes les péri-
péties des drames lugubres qui se déroulaient
devant lui. Dans ce duel suprême du crime et
de la vindicte publique, il y avait pour son
âme sensible et facilement enthousiaste des
émotions renaissantes, un attrait irrésistble.
Il subissait des entraînements inconnus, spon-
tanés, — il obéissait à la voix impérieuse de
la vocation naissante.

La mission sublime de l'avocat éveilla dans

son cœur une admiration profonde et le fit renoncer à ses anciens projets.

Tout enfant rêve d'aventures et se promet un grand sabre avec des habits dorés; tout enfant a voulu au moins être soldat pendant une heure : Gambetta lui, avait longtemps manifesté la ferme intention d'entrer dans la marine et il avait fallu à son père une grande énergie pour refuser l'autorisation d'engagement.

A l'heure où nous en sommes de sa vie, il ne terminait plus ses lettres par l'inévitable *post-scriptum* traditionnel « *Souviens-toi, mon père, que je veux être matelot.* » Son esprit avait dit adieu aux séductions des longs voyages d'outre-mer, et il s'était ouvert d'autres horizons.

Sa future profession était désormais choisie; il ne s'agissait plus que de prendre les moyens de l'exercer un jour dignement. Le jeune lycéen continua donc ses études avec une ardeur nouvelle, et il se distingua au premier rang parmi ses camarades les plus laborieux.

En 1856, au concours général des lycées de

Toulouse, il obtint un prix de dissertation française.

Le 12 août de la même année, il subit les épreuves du baccalauréat. Il gagna vaillamment son diplôme. M. Sauvage, doyen de la Faculté de Toulouse, lui apprit sa nomination en lui disant :

— Je vous félicite et je vous remercie, monsieur, de votre discours ; vous m'avez fait lire cinq pages de latin. »

Pour le récompenser d'avoir ainsi mené ses études à bonne fin et pour compléter en même temps l'instruction du nouveau bachelier, M. Gambetta père entreprit avec lui un voyage en Italie.

Ils visitèrent successivement les vieilles capitales et les cités fameuses de ce pays, Milan, Naples, Turin, Florence, etc. Chacun d'eux était à son tour *cicerone* ; le père, en mettant à contribution son expérience réchauffée et devenue conteuse au soleil de la patrie ; le fils, en éparpillant avec une prodigalité admirable le menu bagage de son savoir — examinant chaque monument, chaque tableau, chaque statue, chaque ruine, étudiant et décrivant les styles, comparant entr'elles les diverses beautés artistiques, commentant les inscriptions et tout cela avec une sûreté de coup d'œil et un jugement remarquables. La vue de ces magnificences, la contemplation de toutes ces merveilles, sa conversation intime avec les maitres illustres de l'antiquité, grandirent encore son bouillant enthousiasme, exaltèrent son esprit, enivrèrent son cœur, et quand il retraversa les Alpes pour regagner le foyer natal, il s'était juré à lui-même d'avoir un jour sa part dans ce tourbillon de gloire et de léguer un nom à la postérité.

L'année touchait à son terme et une tempête grosse de combinaisons, de projets, d'idées, d'espérances, s'était déchainée dans le cerveau de Gambetta.

Les portes du collége closes à jamais derrière lui, le moment était venu de commencer l'apprentissage d'une profession libérale.

L'enfant s'était fait homme.

Au physique, constitution herculéenne, santé robuste pouvant affronter vaillamment toutes les luttes et surmonter toutes les intempéries de la fortune ; au moral, intelligence prédestinée, âme exhubérante de sève, cœur débordant de sentiments exquis.

Qu'allait-on faire de tous ces dons précieux de la nature et de l'éducation ?

Pouvait-on modérer et contenir toutes ces forces vivaces pour les concentrer ensuite sur les prosaïques et monotones intérêts d'une arrière-boutique ? Tant d'années écoulées, tant d'efforts dépensés, tant de connaissances acquises, et tout cela pour auner du drap ou peser de la cassonade ?

Le père de famille qui avait su faire un premier sacrifice en plaçant son fils au séminaire de Montfaucon, céda une fois encore aux émouvantes sollicitations dont il était journellement accablé et consentit à laisser tenter au jeune bachelier l'ultime épreuve de quelques années d'études dans la capitale.

Gambetta, plus riche d'espoir que d'écus,

boucla donc ses malles à la hâte et prit, le 16 janvier 1857, sa première inscription à la Faculté de droit de Paris.

Eden pour quelques-uns, enfer pour le plus grand nombre, Paris met un flegme inexorable à congédier les inutiles et à développer les hommes qui possèdent dans l'âme quelques étincelles de feu sacré, Il fait la mode, sacre le talent, distribue d'une main souveraine les renommées et les auréoles. Toutes les intelligences convergent à ce foyer de lumières et l'on peut dire avec quelque raison qu'il n'y a point de célébrité possible sans l'estampille préalable de Paris.

Gambetta se trouva là sur un terrain merveilleusement propice à son tempérament.

Libre de tout contrôle, loin de la tutelle paternelle, ne relevant que de sa conscience, il mesura d'un regard l'alternative singulière dans laquelle la condition de sa naissance l'avait placé.

Ou revenir à Cahors après trois années de plaisir et prendre en main la succession commerciale de son père, ou travailler sans repos ni trève durant ces trois années et se faire lui, inconnu, une place nettement marquée parmi les notoriétés du ba. r au parisien.

Ce dilemne exigeait une âme virile.

Gambetta n'hésita pas.

Il résolut de réussir ou de succomber à la tâche.

C'est une étude à la fois instructive et édifiante que de suivre Gambetta à travers les étapes laborieuses de sa vie de Paris,

Il grandit pour ainsi dire à vue d'œil avec chaque effort nouveau.

Les trois années de droit qui sont habituellement à Paris une Capoue enivrante pour la jeunesse furent au contraire consacrées par l'étudiant cadurcien à la méditation, à des recherches encyclopédiques, à l'examen approfondi et presque passionné des problèmes politiques.

Entre deux cours de Code Napoléon et de procédure, il se cloître dans sa petite cham-

bre du 7ᵐᵉ étage, lisant, relisant, fouillant re-
fouillant — insassasiable de science.

Ce qu'il remua d'idées, ce qu'il dévora d'in-
folios et d'opuscules, ce qu'il traça de plans
d'ouvrages et de canevas de discours serait
impossible à décrire. Il recueilli , à longues
veillees, les matériaux d'une *histoire du commerce depuis la création jusqu'à nos jours*,
et groupa les éléments d'un *traité de l'éducation politique et morale des hommes en général et des princes en particulier*, toujours
visant le but, toujours âpre et tenace.

Cette conduite remarquable de l'etudiant,
je la connais heure par heure dans ses détails
pittoresques, à l'aide d'un volumineux dossier
contenant la correspondance échangée entre
Gambetta et sa famille depuis son entrée au
séminaire de Montfaucon, jusqu'à ce jour. Le
brave et digne commerçant de Cahors, avec
une affectueuse spontanéité que je n'oublierai
jamais, m'a confié ces précieuses reliques du
foyer et c'est sur ces notes intimes que je
continue d'esquisser à grands traits une bio-
graphie qui aura du moins le merite de la vé-
rité.

Voulez-vous connaitre le luxe de l'intérieur

Nous ne rééditerons pas toutes ces descriptions, tous ces éloges. On peut d'ailleurs les résumer dans deux croquis publiés à Londres et à Paris.

« Au physique, M. Gambetta est un homme de taille moyenne, d'apparence robuste, les traits forts et irréguliers, non sans beauté cependant lorsque l'animation d'un débat politique ou d'une vive conversation — il n'en a pas d'autres — y vient répandre sa flamme. Sa voix est admirable, souple et puissante, et de nature à se faire entendre même de ceux qui ne voudraient point l'écouter. Elle défie les interruptions et se rit des couteaux à papier.

» Un léger accent méridional que M⁰ Gambetta, a gardé de Cahors, ajoute du mordant à sa parole. C'est encore au Midi qu'il doit la facilité enjouée de son acceueil et une certaine négligence d'attitude fréquentes dans nos provinces d'outre-Loire où le *cant* ne règne pas encore en maître.

» Sous cette enveloppe un peu fruste et cette apparence de tribun populaire, M⁰ L. Gambetta cache un esprit politique dont la finesse n'est pas la moindre qualité. Avec les quali

et du régime de notre héros lors de ses pre-
miers débuts à Paris ? Gambetta va nous l'ap-
prendre lui-même.

« .... Je suis logé somptueusement et à bon
marché.

» Oui, cher père.

» J'ai oublié de te dire que j'ai une glace et
des rideaux rouges aux fenêtres, ce qui ajoute
à la clarté de la chambre dans la même pro-
portion qu'un éteignoir placé sur des bougies.

» J'oubliais aussi de te mentionner une su-
perbe table de nuit à roulettes; mais il y a
un pied qui manque ce qui me donne l'occasion de résoudre les plus terribles problèmes
d'équilibre et me fait suer, ce qui a donc son
utilité dans la saison. Vraiment une table de
nuit à trois pieds est un meuble indispensable
en hiver : cela vous sert de calorifère.

« Ce n'est pas tout. Au-dessus de la dite table est suspendue une gravure à la main, faite
en 1839, à Metz, par un caporal du 3e régiment
de génie, 3e bataillon, 7me compagnie, et qui
représente « *une Nymphe,* » dit une inscription mise au bas du dessin. Et cette note est

indispensable, car cela peut reproduire assez bien un forgeron ivre, étendu sous son vin.

» Ma chambre, tu le vois, joint l'instruction à l'ameublement.

« ... La partie la plus terrible de mon existence c'est le boire et le manger.

» Je déjeune très frugalement — oh ! ce qu'il y a de plus frugal — à savoir un pain d'un sou. Le dimanche, deux pains d'un sou.

» Il faut dire aussi que si je m'éveille tôt, à 6 heures du matin, je me lève tard, à onze heures ou midi ; et alors, en vertu d'une opération appelée abstraction ou en langage d'arithmétique soustraction, je fais comme si je m'étais éveillé à onze heures ou midi ; je bois un verre d'eau, et je vais au cours jusqu'à quatre heures et demie.

» A cinq je dîne — et je ne sais pas si je mange. Cela va très bien pendant demi-heure. Après quoi je donne 17, 18 ou 20 sous ; je sors ; j'achète un sou de pain et je reviens à la bibliothèque.

« A onze heures je rentre au logis, je mange mon pain d'un sou et j'avale un dernier verre d'eau.

« Tu vois que j'ai suivi tes avis. Je suis réglé, j'ai de l'ordre, l'ordre de l'étude, car c'est le seul excès que je me permettrais... »

Et voilà dans quelles conditions de bien-être Gambetta fit ses débuts à Paris.

La vie de bohême, chantée par Murger, avait au milieu de ses longues heures de froid et de faim quelques rayons de soleil et quelques sourires de grisettes. Musette et Mimi montaient joyeusement quatre à quatre les escaliers du grenier sans pain, et leurs caresses, et leurs baisers, et leurs chansons intarissables faisaient oublier la misère des vingt ans.

Dans la chambrette de notre étudiant, au contraire, la solitude et la pauvreté étaient toujours ses seules et austères compagnes : la raison avait interdit la porte à l'amour.

Gambetta suivit les cours de la Faculté de droit avec assiduité. Arrivé le premier, il quittait le dernier l'amphitéâtre.

Cette exactitude fut remarquée de M. Valette, professeur, qui se lia bientôt d'amitié avec son élève.

Il l'engagea même, quelque temps après, à renoncer au barreau pour embrasser la carrière du professorat.

L'étudiant refusa. Une voix intérieure lui conseillait la persévérance et l'appelait ailleurs.

Auditeur fidèle des grands procès qui se plaidaient au tribunal de la Seine, il féconda à ce grand foyer de l'art oratoire les qualités naturelles dont il était doué. Comme à Cahors, les débats solennels de la cour d'assises de Paris possédaient un aimant invincible qui élevai et subjuguai son âme. Les gendarmes le connaissaient dejà et s'inclinaient en le voyant passer.

Aux rares heures de loisir que lui laissaient ses intempérances de recherches et ses orgies de travail, Gambetta piqué de la fièvre d'écrire en même temps que la passion de parler, se mêla au mouvement politique de cette époque et publia quelques articles, réussis d'ailleurs, dans les journaux de la capitale.

L'*Opinion nationale* lui ouvrit ses colonnes, et au mois de novembre 1859 il y inséra une première étude sur la question d'Italie.

Le succès encouragea sa tentative — et les journaux, les revues, les magazines, les encyclopédies, portèrent rapidement son nom aux quatre coins de la France.

En 1860, il mit la main dans l'urne de la conscription, et acquit ainsi la qualité de français. Le malheureux accident arrivé à un de ses yeux, dans son jeune âge, l'exempta du service militaire.

Au début de la même année, il soutint la thèse pour la licence « thèse, comme il le dit lui-même, la plus affreuse possible, longue en diable, sur la matière la plus horrible du code, *Les Hypothèques*. »

Il ne restait plus maintenant qu'à raser les moustaches, endosser la robe, coiffer la toque et défendre la veuve et l'orphelin.

Cependant il préféra mûrir son talent par un commerce plus intime avec les avocats les plus renommés de Paris et il voulut se faire attacher, en qualité de secrétaire, au cabinet de M⁰ Dufaure.

Un vieil homme du palais le dissuada de ce projet, parce que M⁰ Dufaure, surchargé de secrétaires, ne pouvait éparpiller sa clientèle et ouvrir également l'avenir à tous ces jeunes gens en confiant un dossier à chacun.

Il entra donc chez un de ses collègues, M⁰ de Jouy.

M. Valette approuva fortement ce choix en disant à son ancien élève :

— Chez de Jouy vous apprendrez les affaires, comment on dirige un procès, comment on fait de la clientèle et comment on l'augmente ; puis vous lui conviendrez tôt ou tard ; il est veuf, sans enfants, riche, il peut s'effacer, vous faire plaider — et vous voilà lancé.

Quelques mois après il prêta serment.

A cette occasion il écrivait à son père :

« Le serment m'a coûté 97 francs sans compter les 3 francs par mois que me coûtent le louage de la robe...

» Oh ! qu'il me tarde de plaider. La langue me brûle. *J'ai peur d'avoir peur* comme disait Montaigne. C'est le courage des braves. Oh ! quand viendra ce beau jour !

» En ce moment j'ai la fièvre de débuter. Je relis les maitres de la parole ; j'apprends, je vais au théâtre et au palais, je cherche des leçons et des modèles. Ils abondent ici. Quand serai-je donc admis à les reproduire ?

» Je ne pense plus qu'à cela ; ma pensée, ma vie, est concentrée sur ce point : plaider ! »

Le jour si impatiemment désiré du baptême de la barre arriva enfin.

C'était le 25 août 1861.

Gambetta gagna son procès.

Rien ne saurait dépeindre l'enthousiasme de son âme en présence du résultat de sa première plaidoierie. La confiance s'accrut rapidement en lui. Il plaida plusieurs fois dans les mois suivants, et avant la fin de l'année il avait déjà fait trembler, sous la puissance de sa voix sonore, les voûtes de la cour d'assises, dans une grave affaire de fausse monnaie.

Le jeune avocat, depuis cette époque, a mené le front avec un égal bonheur les travaux de la plume et de la parole.

Son nom se retrouve mêlé à chaque événement politique et à chaque incident de la vie parisienne soit comme promoteur d'un mouvement libéral, soit comme journaliste militant, soit comme défenseur d'accusés en renom.

C'est ainsi que nous le trouvons à la mort du comte de Cavour, rédigeant une adresse de *la jeunesse française à la jeunesse d'Italie.*

Ce manifeste, lu d'abord en comité particulier composé de Bixio, Louis Jourdan, Peyrat, Villemot, Hetzel et Guéroult obtint un grand retentissement dans la presse des deux côtés des Alpes et valut, de la part de l'ambassade d'Italie, une réception splendide à Gambetta. La *Gazette de France,* avec son rictus légendaire, essaya bien, il est vrai, de jeter le blâme et le ridicule sur cette manifestation internationale ; mais Clément Caraguel, d'un trait de plume, rappela à la pudeur cette feuille légitimiste, ultramontaine, et doublement démodée.

Quelque temps après, le journaliste-avocat se fit admettre à la conférence Molé, et, toujours sur la brèche pour les questions politico-légales, il ne tarda pas à conquérir les applaudissements de ses jeunes collègues et les suffrages encourageants de Jules Favre et de Crémieux.

Ces maîtres lui firent place à leurs côtés et ils n'eurent qu'à se louer de ce mouvement sympathique dans la fameuse affaire de société secrète — Juillet 1862 — où figuraient 54 accusés ayant pour défenseurs Arago, Jules Favre, Picard et Emile Ollivier.

Ce procès eut un retentissement immense.

Le *tout-Paris* s'en occupa longtemps.

La plaidoierie virile de Gambetta se répétait de bouche en bouche, au palais, sur les boulevards, dans les salons et, comme les journaux judiciaires n'avaient pas osé se risquer à la reproduire intégralement, chacun répercutait et soulignait les tirades les plus accentuées de ce discours entraînant.

Dans une soirée donnée par Crémieux à l'issue de cette affaire, Gambetta fut l'objet d'une véritable ovation.

— Je vous présente, dit Crémieux, M⁰ Gambetta, le grand succès de l'affaire des 54.

— Comment voulez-vous qu'on vous croie, maître, répondit modestement Gambetta, il y avait là quarante avocats et je n'ai eu que le sort de la majorité du Corps législatif, le silence !

— Ah ! répliqua un invité, avec la mémoire de M⁰ Crémieux, on se passe fort bien d'un journal ; et, votre maître, comme vous l'appelez, vient de nous réciter votre plaidoyer tout entier.

— Je ne m'étonne plus, repartit Gambetta, si vous l'avez trouvé éloquent reproduit par une telle bouche.

A ce moment Crémieux tira doucement l'oreille au jeune avocat et lui dit avec une finesse de trait indescriptible:

— Allez, vilain jaloux !

Au mois de novembre de la même année, Gambetta fut attaché au cabinet de M. Crémieux.

Il y trouva un homme de cœur, d'esprit et

de talent, M° Laurier, avec lequel il se lia bientôt d'une étreinte amitié.

A dater de ce m oment Gambetta plaida un nombre considérable d'affaires importa ates et notamment le procès du Mex que, l'affaire des plumassiers, le procès électoral pou M. Donnel-Bernardin, candidat de l'opposition, contre M. le baron Lesperut, candidat du gouvernement.

Dans la campagne électorale de 1863 dont le résultat infligea un si dur échec à l'empire, Gambetta fit partie des comités préparatoires. Assidu à toutes ces réunions, il y acquit une influence réelle et son opinio n comme son choix prévalurent maintefois.

Ce travail lui fut une école fructueuse.

Heureux de la réussite de ses efforts pour la cause de la liberté, Gambetta écrivait à ce propos : « La politique marche à souhait ; le gouvernement faiblit beaucoup ; il est incertain des mesures qu'il convient de prendre. Les partis se recueillent et un orage peut éclater bientôt. Où irons-nous ? Tant mieux ! je suis prêt à partir et je préfère les tempêtes de la liberté à cet affreux marasme de la servitude des quinze dernières années. »

Entré d'une manière plus directe et plus intime dans la carrière politique, — rêve de ses jeunes années, espoir de son âge mûr — Gambetta a publié, depuis lors des articles remarquables dans un grand nombre de journaux quotidiens et de feuilles périodiques.

Il a collaboré à un recueil rédigé par des proscrits et paraissant à Bruxelles, avec le concours de Despois, Jules Barni, Morin, Voirrain, Mesnard, etc.

Il a pris part également à la rédaction de *l'Europe* Francfort qui depuis..., mais alors Ganesco n'était pas encore conseiller général.

Nous le retrouvons enfin dans *la Revue politique* où figuraient quelques plumes vaillantes et honnêtes du journalisme républicain de Paris.

Le portrait de Gambetta est dans toutes les mains, et son éloquence a été examinée, discutée, analysée par les journaux de tous les partis à l'occasion de la magistrale défense qu'il a prononcée pour Ch. Delecluze, le courageux directeur du *Réveil*.

tés qu'il gardait en lui, nous savions bien qu'il aurait son heure. »

« M. Gambetta n'est pas aussi laid que Mirabeau, mais il est aussi sublime. Son visage dans le feu de la discussion, comme celui du grand orateur subit une complète transformation. Ce jeune et remarquable tribun a un gout prononce pour les affaires politiques. Il sortira bientôt du barreau où il entre a peine pour siéger dans nos grandes assemblées publiques et il y sera bien à sa place. »

C'est ce qu'on pensé avec juste raison les électeurs de Marseille et de Paris.

Gambetta représentera au Corps Législatif l'avènement de la génération nouvelle.

De la tourmente actuelle il doit, en effet, sortir une situation neuve, qui appelle les jeunes gens aux affaires et leur permette, en se greffant sur les vieux champions de la démocratie, de continuer la tradition révolutionnaire de 1789.

Le parti démocratique ne doit pas avoir de fétiches. Tous ses efforts doivent tendre vers le même but : le progrès et la liberté.

Pas d'exclusion pour la jeunesse!

Tous les membres de la Constituante et de la Convention n'avaient pas les cheveux blancs : l'expérience moutonnière peut-être de quelques-uns était sagement corrigée par l'exhubérance d'idées, l'ardeur quelquefois aventurière des autres.

Une nation n'est pas seulement composée de viellards ; il y a aussi la jeunesse, cette jeunesse qui fera un jour les événements et continuera l'œuvre déjà continuée par les générations précédentes.

Il faut donc que les patriarches de la démocratie tendent la main aux hommes nouveaux et les initient, eux-mêmes, à la vie politique.

En 1863, Gambetta a transporté ses pénates dans un modeste appartement de la rue Bonaparte — entre ses deux amis Crémieux et Laurier.

Il y consacre ses heures intimes aux travaux multipliés de sa profession et à l'affection de sa famille.

Sa porte est grande ouverte à toutes les in-
fortunes. La misère n'a pas besoin de recom-
mandation pour franchir le seuil de son cabinet. L'éminent avocat a pour tous le même
accueil sympathique et, auprès de lui, les
habits brodés n'ont pas plus de faveur que les
haillons.

Il prêche la démocratie et pratique la fra-
ternité.

Depuis son éloquente plaidoierie dans le
procès du *Réveil*, Gambetta, véritable juif-
errant de la liberté, parcourt en tous sens la
province, pour prêter aux journaux poursui-
vis le vigoureux appui de sa parole énergi-
que.

Il a cloué, muets et presques ridicules sur
leurs siéges, les procureurs impériaux de
Lille et de Paris.

En attendant son élection, il en désarticu-
lera probablement bien d'autres.

Imp. Savy.